Eva Strittmatter

Wildbirnenbaum

Gedichte

aufbau

ISBN 978-3-351-03273-9

Aufbau ist eine Marke
der Aufbau Verlag GmbH & Co. KG

1. Auflage 2009

Einbandgestaltung heilmann/hißmann, Hamburg
Druck und Binden CPI – Clausen & Bosse, Leck
Printed in Germany

www.aufbau-verlag.de

Meinen Söhnen Ilja, Erwin und Jakob
und ihrem Bruder Matti zur Erinnerung

Auflehnung

Hier bin ich eingeboren.
Hier habe ich mein Recht.
Und habe mich verloren,
Und lebe einfach schlecht,
Wenn ich nicht *mächtig* lebe.
Wenn Klage aus mir drängt,
Wird not, daß ich aufhebe,
Was mich einengt und zwängt.

Widerstand

Die Selbstverständlichkeit,
Mit der die Leute leben,
Und wie sie sich der Zeit
Ohne Widerstand ergeben:
Das ist so verschieden von meiner Verfassung,
Die aus mir Worte treibt.
Das reine Leben ist Unterlassung.
Nur was darüber bleibt,
Befriedigt mich: Die blaue Trauer
Der sanften Distel fällt mich an,
Die von allein die Lanzenmauer,
Aus der sie blüht, nicht sprengen kann.
Ich unterliege der Verführung
Der wilden Wicke und der Möhre.
Sie arbeiten an meiner Rührung,
Bis ich auch sie heraufbeschwöre.
Mein Leben geht. Ich dien den Dingen
Und halte mich an ihnen fest
Und such die Zeit im Wort zu zwingen,
Daß sie *mich* überdauern läßt.

Gewinn und Verlust

Gewinn und Verlust sind immer zusammen:
Ich verliere an Leichtsinn und blindem Vertraun.
Und gewinne ein wenig an Einsicht und Wissen
Und lerne gründlicher hinzuschaun
Auf das, was mich nicht persönlich betrifft.
Was an mich keine Erwartungen hat
Und was mir keine Liebe verspricht.
Ich schreibe auf einem reineren Blatt.
Die Worte werden mir schwerer als früher.
Der Aufschwung der Jugend gelingt mir nicht mehr.
Ich kehre mein Innres nicht mehr nach außen.
Und schweigend gehe ich neben mir her.

Glück

Einmal will ich Worte finden,
Einfach wie der Apfelbaum
Und gegerbt von vielen Winden.
Weiß und schweigsam wie der Traum,
Den die alten Männer träumen,
Deren Leben schon verbleicht.
Kleines Glück will ich versäumen,
Bis mein Wort den Baum erreicht.

Liebe

Ich habe Liebe hergestellt
Aus kleinen Kümmernissen.
Bin Sonne einer Mikrowelt.
Und hätte scheinen müssen
Wenigstens zwei, drei Dörfer weit.
Auch da fehlt größres Licht.
Die kleine Liebe frißt die Zeit.
Und tötet mein Gedicht.

Schmerz

Das ist eine gute Lehre:
Eine Zeitlang Schmerzen zu haben.
Tag und Nacht: *Die* Schmerzensschwere.
Und sich nicht im Schmerz zu begraben
Und doch noch über sich
Hinaus und die Welt zu sehen:
Alles betrifft auch mich.
Auch mir kann alles geschehen,
Was andren geschieht. Ich stehe nicht
Außerhalb des Lebens.
Ich habe meinen Anteil am Licht,
Und ich täusche mich vergebens,
Wenn ich glaube, dem Gesetz zu entgehen,
Nach dem das Leben sich wandelt.
Erst wenn man lernt, den *Schmerz* zu verstehen,
Wird man reif, daß man menschlich handelt.

Schrei

Andre gibt es, die können die Kunst
Zu leben besser als ich.
Ich weiß nicht: Ist das eine Gunst
Des Schicksals? Ich weiß nur: Auf mich
Fällt alles mit Gewalt herab.
Wie ein Steinschlag trifft mich das Glück.
Und Unglück ist für mich das Grab.
Ich stürze ins Nichts zurück.
Der Preis ist hoch, den ich bezahl
Für die Fähigkeit zu *sagen*.
Ich muß das Glück und auch die Qual
Bis an den Schrei ertragen.

Sein

Ich sehne mich sehr nach Freiheit.
Leicht und im Licht möcht ich sein.
Ich will sie, wies sein soll, verdienen:
Arbeiten. Aber auch: einfach sein.

Ungleichung

Liebe: gleich Hoffnung.
Ehe: Gewißheit.
Hoffnung: die sucht.
Gewißheit: hält fest.
Suchen und Halten:
Schwer zu vereinen.
Ungewiß sind *wir*:
Von Hoffnung ein Rest.

Lockung

In alten Büchern hab ich gelesen,
Wie man in tödliche Liebe verfällt.
Ich dachte: das ist früher gewesen,
In einer vergangenen finsteren Welt.
Und nun, da ich über vierzig bin
Und alles habe, um dankbar zu sein
(Das Wunder einer Seelenverbindung)
Drang schwarze Liebe in mich ein.
Sie hat mich wie ein Myzel durchzogen,
Wie von Efeu gewürgt, ringe ich nach Luft,
Ich fühle mich gekrümmt und verbogen.
Und zum ersten Mal lockt mich als Lösung die *Gruft*.

Blinder Glaube

Das kann nicht sein, daß ich nie wieder von dir höre.
Ich sag ja nicht: ich will dich wiedersehn.
Das kann nicht sein: daß ich mich *selbstbetöre*.
Und weiter wäre nichts geschehn.
Wenn es nur irgend wo im Raume
Die Spur von Sinn und von Gesetzen gibt,
Dann traf ich dich nicht nur im Traume.
Dann ist es wahr: wir haben uns geliebt.
Das kann nicht sein, daß das verlorenginge.
Unwiderruflich ist die Kraft.
Sie ist so stark, daß ich dich zwinge,
An mich zu denken. Nebelhaft
Wirst du dich noch entsinnen
An mein geblendetes Gesicht.
Ich werde neu in dir beginnen.
Ich steh vor dir in jenem Licht,
Für das es keine Formel gibt:
Im Feuerschein der Selbstverbrennung.
Ich hab dich nicht genug geliebt
Und widerrufe unsre Trennung.
Ich will und muß dich wieder hören.
Und noch gegen den Augenschein
Will ich bei meinem Leben schwören:
Du liebst mich. Anders kanns nicht sein.

Tag

Noch immer bin ich dich nicht los.
Wenn ich mir nachts auch sagte:
Was war denn groß?
Es war doch nichts.
Du bist mit der Gewalt des Lichts
Gekommen, wenn es tagte.

Liebesmüh

Ich fluche dir und segne dich.
(Wie in alten Geschichten.)
Ich lehne mich auf und ergebe mich.
Und ich weiß: *Es* wird mich vernichten.
Ich sehe dich, du siehst mich an.
Und wieder sind wir verloren.
Du wärst für mich der richtige Mann.
Doch wir sind falsch geboren.
Du kommst zu spät, ich kam zu früh,
Und wir kommen aus feindlichen Ländern.
Das nennt man: Verlorene Liebesmüh.
Und es läßt sich im *Leben* nicht ändern.

Programm

Nun nichts mehr von Liebe. Von dieser nicht mehr.
Und es sei die letzte gewesen.
Bei der nächsten Verliebtheit mach ich mich schwer
Und will *vor* der Krankheit genesen.
Und ist einer schön und lustig dazu
Und ist jung und hat solche Augen,
Dann mache ich *meine* Augen zu.
Ich lasse mich nicht mehr auslaugen
Von Wünschen und werde mich nicht
Mehr selber betörn und betrügen.
(Vergäße ich nur erst dein Gesicht
Und vergäße ich deine Lügen.)

Das Eine und das Andre

Sieh mal, das ist eine harmlose Sache:
Mein Leben und wie dieses Leben vergeht.
Und ob ich mehr weine oder mehr lache;
Das geht mit dem Wind hin, der uns überweht.
Ich bin nicht sehr wirklich. Ich lebe in Träumen.
Da nehme ich alles mit aller Gewalt.
Da werde ich keine Liebe versäumen.
Da mach ich vor nichts und vor niemandem halt.
Gezwungen von jenem schrecklichen Zwange:
Einen Kosmos zu schaffen aus Wortmaterial,
Ein Unterfangen, dem ich mich verfange
Verzweifelt und zweifelnd und ohne Wahl.
Das Andre ist eine harmlose Sache:
Mein Leben und wie dieses Leben vergeht.
Und ob ich mehr weine oder mehr lache:
Das geht mit dem Wind hin, der uns überweht

Was von mir bleiben wird

Von mir werden bleiben: Vier Söhne.
(Mein menschliches Alibi.)
Und vielleicht bleibt noch eine schöne
Mir ähnliche Fotografie.
Die zeigt mich, wie ich lache.
Mein lachendes Kindergesicht.
Das Gesicht, das ich weinend mache,
Zeige ich nicht.
Dann werden bleiben: Gedichte.
Vielleicht bleiben zwei oder drei
Etwas länger als andre im Lichte.
Dann ist auch das vorbei.
Merkwürdig: das zu wissen
Und doch wieder aufzustehn.
Und weiter leben zu müssen,
Als würde es *ewig* gehn.

Wille

Und wenn es sein soll,
Will ich es bejahen:
Soll es der Tod sein,
Nehm ich ihn.
Braucht mich das Leben
Zum Gebären,
Will ich nicht vor dem
Leben fliehn.

Beben

Nur der Tod wird neue Erfahrungen bringen.
Gebären werde ich nicht mehr.
Und auch die Lüge wird nicht mehr gelingen,
Die lieben läßt. Neues wird schwer
Mit mir geschehn. Zu Ende leben –
Das ist es, was noch übrigbleibt.
Doch unterirdisch läuft ein Beben,
Das oberirdisch Zeilen schreibt,
Die wie ein Riß durch das Geschiebe
Des Wortbergs ziehn. Und er stürzt ein.
Lästere nicht: noch ist die Liebe
Mehr als der Tod. Der Tag wird sein.

Wege

Von den vielen falschen Wegen
Diesen einen nicht zu gehn,
Von den vielen richtgen Wegen
Den, der mir gehört, zu sehn,
Ist so schwer, daß ich verzweifle,
Weil ich weiß, es wird zu spät,
Irgendeinen Weg zu gehen,
Eh der Hahn noch dreimal kräht.

Klage

Immer in Abend und Dämmerung
Möchte ich heulen wie eine Hyäne,
Berstend von Frevel und Lästerung.
Aber ich blecke nur freundlich die Zähne.
Jetzt weiß ich endlich, was Leben ist
Und was die Versuchung zur Selbstzerstörung.
Der in der Hölle verlorene Christ
Ohne die Hoffnung auf Gott und Erhörung
Müßte mir gleichen, wenn es ihn gäbe.
Aber mich gibt es. Mein Leben gerinnt
Um einen Kern aus Tod. Doch ich lebe!
Und statt zu heulen, sing ich im Wind.

Sonnental

Ich habe noch nie mit der Eiche
Im Sonnental *kommuniziert.*
Habe mit Ideologien
Aber Papier *beschmiert.*

Zwanzig Jahre lang wartet die Eiche
Im Sonnental bitter auf mich.
Und das windige Espenwäldchen
Wispert: für dich für dich.

Der alte Weißdornkönig
Trägt Purpurperlen *zehoubt*:
Er ächzt: wir wissen die Wahrheit.
Du hast nur geglaubt.

Dämmernis

Opalene Stunde.
Mit silbernem Munde
Schweigt der Abend sein Lied.
Glück: nichts geschieht.

Kein Haß, keine Liebe
Im Übermaß.
Daß es so bliebe:
Still wie das Gras.

Nur Wildvogelschrei
In der Dämmernis.
Leben gewiß.
Fliegt vorbei.

Geständnis

Ich bin so ohne Selbstgefühl:
Haltlos wie Zittergras im Wind.
Ich scheine überlegen-kühl
Und brauch doch Zuspruch wie ein Kind,
Das nur mit Hilfe gut sein kann.
Wenn niemand mir was *Warmes* sagt,
Fängt es in mir zu frieren an.
Ich bin verzweifelt und verzagt,
Als wär mein Leben ohne Sinn,
Als wär ich ohne Visum hier.
Ich weiß erst wieder, wer ich bin,
Fragt jemand freundschaftlich nach mir.

Das Beste

Das nackte Leben und die Pflicht
Sind das Beste, was wir haben.
Was sonst noch ist, hat kein Gewicht.
Sind alles Zufallsgaben.
Wenn man das Leben durch den Tod
Täglich relativiert,
Ißt man mit Dankbarkeit sein Brot.
Was einem auch passiert,
Verkleinert sich, wird puppenhaft,
Denkt man an das *Vergehen*.
Man bäumt sich auf und findet Kraft,
Das Leben zu bestehen.

Spiel

Ich glaube heute, *Liebe*
Ist nichts als Autosuggestion.
Sie sucht sich irgendeinen Anlaß.
Wir sind gestimmt auf diesen Ton,
Der unbedingt Ergänzung braucht.
Wer Töne fängt und wiedergibt
Und zufällig zur Zeit auftaucht,
Gerät ins Spiel und wird geliebt.

Ich glaube heute, *Liebe*
Ist vor allem Pflicht:
Wenn einer am Wege bliebe,
Der andre litte es nicht.

Torheit

Ich möchte gern Worte gebrauchen wie *ewig*
Und *Glaube* und *Liebe* und *Hoffnung* die *drei*.
Und ich wünschte, die Welt wäre so nicht im Wandel.
Und ich wüßt, was das heißt, wenn man sagt, man ist *treu*.
Ich bin immer versucht, in die Ferne zu laufen.
Fort vom Tod und der Torheit, sich weise zu stelln.
Auch das Alter nimmt mir nicht die Gier auf das Leben.
(Ob auch *alte* Hunde den Mond anbelln?)

Beschwörung

Ich würde auf dich warten,
Wenn nicht die Zeit verginge.
Drei Mal welkt ab der Garten?
Das ändert nicht die Dinge.

Aber ich werde alt,
Wenn du mich warten läßt.
Kommst du, so komme bald
Und halt die Zeit mit mir fest.

Ein Stein

Das Meer ist ein Tier.
Es brüllt in den Nächten
Und kämpft mit den Mächten
In mir.

In mir haust das Nichts,
Brüllt dem Meere entgegen
Und will mich bewegen
Zur Leugnung
Des Lichts.

Die Zeit ist ein Stein.
Ich muß ihn aufheben.
Es gibt Nächte im Leben,
Die besteht man *allein*.

Das Dach

Aber ich siege. Ich bin nicht so schwach,
Wie ich mir manches Mal schamvoll erscheine.
Mit meinen Händen halt ich das Dach
Für meine Kinder. Denkt nur nicht, ich weine
Wirklich, wenn ich die Worte hinschreibe:
Ich geh hier und weine. Ich rette mich so,
Daß ich nach außen gelassen bleibe.
Innerlich bin ich leicht brennbar wie Stroh.
Aber ich habe seit langem gelernt,
Daß mir mein Leben nur halb gehört,
Nie hab ich mich von der Pflicht entfernt.
Nie hätte ich das Dach zerstört,
Unter dem meine Kinder leben.
Nichts ist so wichtig auf dieser Welt,
Wichtiger wird es niemals was geben,
Als dieses Dach, das den Glauben erhält
An die menschliche Ewigkeit.
Verhängnisvoll ist das zu frühe Wissen
Um das allmächtige Wirken der Zeit.
Und Menschen gibt es, die hat es zerrissen.

Gleichgewicht

Eine Stunde entziehe ich mich
Den drängenden Tagesgeschäften
Und überprüfe mein Ich
Und suche mit allen Kräften
Den Sinn zu finden, der mich bindet
An dieses Leben, das ich lebe …
Die Schwäche, die mich quält, entschwindet
Im Wort, in das ich sie aufhebe.

Das wiederholt sich alle Tage:
Die Suche nach dem Gleichgewicht.
Ich balanciere, was ich trage,
Vorsichtig aus. Und mein Gesicht
Leistet ein Lächeln. Darauf zielen
Meine Versuche im Gedicht:
Nicht mit den Worten will ich spielen,
Sondern das Leben will ich zwingen,
Daß es sich in Gesang verwandelt:
So wie man handelt, wird es singen,
Und es bleibt stumm, wenn man nicht handelt.

Andacht

Den ganzen Tag geschäftige ich
Den Odem zu hindern, in mich zu fahren.
Ich heize. Ich fege. Ich liebe dich.
So wie man liebt nach so vielen Jahren.
Ich gebe dem Geist nicht Gelegenheit,
Heraufzuholen, was in mir ist,
Und töte fröhlich die köstliche Zeit,
Die nicht existiert, wenn man Tagmaße mißt.
Was habe ich zu verbergen, was soll
Nicht ins Wort? Das wachsende *Nichts*?
Am Abend sehe ich andachtsvoll
Das Schwinden des Lebens im Schwinden des Lichts.

Güte

Für Constanze Holtz-Baumert

Ich bin seit langem nichts als *Spiegel*,
Reflektor für ein Kinderglück,
Und führe mich am kurzen Zügel
Und kann nicht vor und nicht zurück.

Ich weiß die Dinge, die mir fehlen,
Um *die* zu werden, die ich *will*.
Aber die Kinder zu bestehlen,
Gelingt mir nicht. Ich halte still

Und laß sie wachsen aus dem Meinen
Und warm in meinem Atem gehn.
Und was ich mir verwehr im Kleinen,
Mag einmal *groß* an mir geschehn.

Nach so viel Jahren voller Leben
Und Zweifeln weiß ich *eins* gewiß:
Würde es keine Güte geben,
Ginge durch unsre Welt ein Riß.

Wir würden stürzen und versinken,
Wären nicht gute Menschen da,
Die geben dem, der Durst hat, trinken,
Und sagen, wenn man sie braucht, Ja.

Zu diesen möchte ich gehören.
Vor aller Kunst und allem Schein
(Mag manches manchmal mich betören)
Will ich gern gut und gütig sein.

Ausgeübte Lust

Die Familie ist ein Institut,
Jedenfalls im allgemeinen,
Darin sich die Kräfte einen
Für die Hochzucht ihrer Brut.

Schwierig ist es, im Verein
Der Familie frei zu bleiben
Und den Kult nicht zu betreiben
Um das primitive Sein

Unsrer Sippe. Es ist schwer,
Die gewohnten Sorgepflichten
Nicht zum Albdruck zu verdichten.
Weniger wär manchmal mehr.

Wenn der Tagfluß freudlos rinnt,
Wenn die Kinder von uns streben,
Wird es Zeit, daß wir das Leben
Ändern, daß es neu beginnt.

Wir gewinnen wieder Welt,
Statt uns hinter Häusermauern
Gegenseitig zu belauern.
Was uns dann zusammenhält,

Ist die ausgeübte Lust
Der Entfaltung unsrer Triebe.
Und wir kehren heim mit Liebe,
Unsrer Einheit neu bewußt.

Überwindung

Das Haus geht mir immer nach.
Denn irgendwas bleibt immer zu tun,
Was zu vergessen sträflich wäre.
Die Dinge lassen mich nicht ruhn,
Weil sie von mir bewegt werden wollen:
Meine Hände sind ruhend nervös.
Nur selten gelingt es an arbeitsvollen
Tagen, daß ich mich lös
Und Leichtsinn fühle, um zu fliegen.
Nur fliegend fängt man Worte ein.
Doch erst nach schweren Tagessiegen
Gerät mir Freiheit, um zu sein.
Und jedes Wort ist Überwindung
Von Chaos in und außer mir.
Was als harmonische Verbindung
Harmlos und heiter auf Papier
Zu lesen steht, das ist entrissen
Werktagen, die verpflichtet sind.

Mein sehr empfindliches Gewissen
Sagt mir, womit die *Kunst* beginnt.

Die Kinder

Vier Monate Schnee und Winter.
Das Leben ist uns vergällt.
Einzig gesegnet die Kinder:
Sie lieben wie immer die Welt.

Urruf

Warten auf ein neues Kind.
Auf den ungewissen Wind.
Wieder einem Frühling glauben.
Unterm Urruf dunkler Tauben.

Einfach

Bei den Kindern such ich Klarheit
Über eine Kleinigkeit:
Wie man leben kann in Wahrheit.
(In der Zeit und aus der Zeit.)
Wie man Tag für Tag im Glück ist.
(Einfach Glück wie einfach Brot.)
Und noch nicht weiß, was *zurück* ist.
Und vorn hockt noch nicht der Tod.

Selbstbildnis 1977

Mein Leben verläuft auf zwei Ebenen.
Der physischen meiner eigenen Tage.
Die bescheiden sind. Geschüttelt von
Klimakterischer Plage.
Soviel Organe gibt es gar nicht,
Wie ich sie habe, um dran zu leiden.
Schwarze Augenringe im bleichen Gesicht.
Und Blicke, die Spiegelung meiden.
Die zweite Ebne ist die der Welt,
Deren Geist ver*rückt* ist. Ihr finsterer Sinn
Hat mich genötigt. Ich fiel in Schuld.
Schlaf und Gewissen sind mir dahin.

Wandlung

Die Söhne lösen sich aus dir.
Du heilst nur, wenn du vergißt.
Zähm das in dir heulende Haustier.
Werde das, was du noch nicht bist.

Vogellaute

Ich kann nur singen unterm Himmel.
Wie stimmlos lebe ich im Haus.
Bei Krautgeruch und Taggetümmel
Seh ich wie euresgleichen aus.

Ich bin so weit hinausgegangen,
Daß meine Stimme niemand stört.
Ich habe nicht mehr das Verlangen,
Daß meinen Singsang einer hört

(Die Vogellaute nach dem Winter:
In ihnen schmilzt das letzte Eis.
Ein kleiner Tod steht noch dahinter.
Aber die Kehle ist schon heiß.)

Wolken I

Wenn ich an kalten Herbstabenden
Unter meinem Baum am Wiesenrand stehe
Und den atmosphärischen Wandlungen,
Wolken genannt, zusehe,
Sehe ich die, die ich war Jahr für Jahr,
Neben mir stehen,
Und ich fühle gestorbne Gefühle
Durch die, die neben mir stehen, hingehen.
Sanftes Empfinden, sich von sich zu lösen
Und sich zu erinnern: dich hat es gegeben.
Und keine Moral aus dem Guten und Bösen
Als das Wort, das besteht.
So vergeht
Nur das Leben.

Zwielicht

Oktoberausgang. Auf dem Lande.
An einem grauen Tag: *Allein.*
Im Zwielicht ziehn die grauen Gänse.
Und schrein, als wenn die Wolken schrein,
Weil sie nicht wissen, ob sie Schnee sein sollen.
Etwas in ihnen wächst und reißt.
Die Wasser, die schon fallen wollen,
Sind bei dem Grauganschrei vereist.

Herbst

Leichter lebt es sich da, wo Bewegung
Von vielen Menschen ist,
In den Städten, wo man sich glücklich
Im Gedränge vergißt.
Man kann ins Theater gehen.
Oder man geht nur so,
Um seine Freunde zu sehen,
Und wird an anderen froh,
Wenn man in sich verzagte
Und seinen Tag verlor …
Nicht, daß ich mich beklagte:
Ich sage mir nur etwas vor,
Um mich vom Herbst abzulenken
Und der großen Einsamkeit
Und von dem Gefühl: ich lebe
Am Nullpunkt von Raum und Zeit.

Gross-Stadt

Eine Taube im Großstadtmorgen.
Ein Ahorn im kränklichen Licht.
Ich wach auf mit den alten Sorgen:
Sinn des Lebens? Hier find ich ihn nicht.
Ich weiß schon alles, alles.
Was ihr mir sagen könnt.
Aber jenseits des Redeschwalles
Rennt ihr nur, rennt und rennt.
Sagt mir: wozu ist der Lärm gut?
Und die vergiftete Luft?
Autos – wie Tiere in Tollwut.
Straßen – übertüncht. Gestern Gruft.
Hier ist die *Lebensfrage*:
Wie schnell man die Toten *wegräumt*.
Die Alten und die Kinder.
(Eins hat ein Lächeln geträumt.)
Man muß sie schnell forträumen,
Weil sonst die Hölle ausbricht:
Ein Stau von tausend Autos.
Und die hinten sind, wissen nicht,
Warum die vorn, die *Idioten*,
Nicht weiterfahren wolln?
Die vielleicht morgen schon selber Toten
Sind von Zorn und Zeitnot geschwolln.
Sie müssen weiter weiter …
Und wohin wohin wohin?
Macht man die Straßen breiter,

Hat dann das Ganze *Sinn*?
Zehn Prozent weniger Tote,
Wären sie schon *ein Sieg*?
Wir bleiben doch Immerbedrohte
Im nichterklärten Krieg.
Das wär also unser Glaube?
Der Glaube an solch ein Glück:
Die andern fallen zum Raube.
Wir bleiben heil zurück.
Lebt jeder von uns nicht vom Zufall,
Der niemals ganz *zufiel*?
Warn wir nicht alle schon Spieler
In dem Sekundenspiel:
Neben den Autorädern,
Vom Pfeifen des Todes gestreift,
Im stummen Schrei versteinert,
Aber – nicht mitgeschleift.
Gerettet – eine Sekunde
Zerrissen. Lebenszäsur.
Jeder trägt in sich die Wunde.
Träume und Schreie. Die Spur …

Irgendwas ist verfahren.
Die Weichen hat werweißwer gestellt.
Man funktioniert sich ein mit den Jahren,
Wenn man leben bleibt auf der Welt.
Wenn man sich nicht vergiftet,
Wenn man am Lärm nicht erstickt,
Aus Raumnot nicht verzweifelt,
Wird man vor Sehnsucht verrückt.
Vor Sehnsucht nach solchen Bäumen,
In denen *die Zeit besteht*,

In deren gewachsenen Räumen
Die Sonne anders aufgeht
Und anders die Winde schlafen
Zur Nacht als im toten Gestein …
Wollte *der Feind* uns strafen,
Er könnte nicht grausamer sein
Als wir zu unseresgleichen.
Wir haben uns verbannt
Von Luft und Erde und Wasser.
Wir haben uns *verkannt*.
Eine Angst ist in uns allen,
Daß etwas mit uns nicht stimmt?
Wir sitzen in unseren Fallen,
Geschoren und getrimmt.

Frühling. Frankfurter Allee

Keine Stille. Keine Amsel.
Um fünf Uhr in der Früh.
Hölle von Lärm. Auch nächtens.
Autos. Hier haßt man sie.
Ohne Stille, was soll man hören?
Man hört sich selber nicht.
Hier kann man Liebe schwören.
Halten kann man sie nicht.
Man schläft in giftigen Dünsten
Von Lärm und Autogas.
Man träumt nicht mal von Liebe.
Würgt sich durch Angst und Haß.
Wer Liebe will und Stille,
Einfache Dinge: Schlaf.
Such sommers die Welt der Grille.
Suche den Sternenschlaf.

Wolken II

Wer sind meine Gesellen?
Wind Wolken Wolken und Wellen.
Und Seelen, die Wolken waren,
Vor weiß wie vielen Jahren.

Dämmerschnee

Die Eule umflügelt uns lautlos,
Wie wir im Dämmerschnee stehn,
Der Hund und ich, ich kann
Gedanken fliegen sehn.

Armes Jahr

Und nun kommt mit der Kälte der Wind.
Und mit dem Wind kommt der Regen.
Zu spät kommt der Regen. Der Herbst beginnt.
Der Sommer blieb ohne Segen.
Ein dürres Jahr, ein armes Jahr.
Verstaubt und versteppt sind die Pfade.
Die Gräser sind fahl wie Greisenhaar.
Und was vor Dürre gefallen war,
Das richtet sich nun nicht mehr grade.
Zu spät kommt der Regen. Und du kommst zu spät,
Wenn du jemals kommen solltest.
Etwas verdorrte und steht auch nicht auf,
Wenn du heut mit dem Wind kommen wolltest.

Freude

Früher Frost und leiser Regen,
Der zu Eis erstarren kann.
Ich geh auf den alten Wegen:
Wiesenab und hügelan.
Und ich finde eine Freude
In der stillen Morgenstunde:
Bilder für ein Wortgebäude
Vor dem bleichen Hintergrunde
Des Novembertags. Ich wandre
Hin im blinden Winterlicht.
Und ich bündle es für andre,
Bis es leuchtend niederbricht.

Wälder

Für immer sind die Wälder in mich eingegangen.
Und die Novemberabende, kalt von Verlangen.
Und vor den goldnen Himmeln schwarz die
Kiefernkronen.
Und dieser Kinderglaube: daß wo Menschen wohnen,
In denen Wälder wachsen wie in mir.
(Und in den Städten stört ein sanftes Tier
Sie aus dem Glück, ein Tier, das sie vergessen hatten.
Und sitzen hungrig bei den Satten.)

November

Ich gehe grau im Grauen
Und fühl novemberlich.
Haare und Pelz und Brauen:
Der Nebel fällt auf mich.

Ich liebe eine Birke,
Die kennt mich nur bei Nacht.
Tags hab ich meine Gewirke
Und komm nicht in Verdacht,

Ich wäre eine solche,
Die ruhlos ist und schweift
Im Nebel wie die Strolche,
Die sich das Schicksal greift.

Das Schweifen kommt vom Schreien
Der Graugänse im Grau.
Die Wildheit aller Freien
Macht ihre Laute rauh.

Da schreit das Leben: Leben.
Das übersteigt mein Lied,
Und, wie die Birken beben,
Wenn dieser Schrei *geschieht*.

Postkartenbild

Alleiniges Reh in der Dämmerung.
Im Schnee scharrt es flüchtig nach Fraß.
Verloren? Vertrieben? Abgetrennt
Gräbt es nach gefrorenem Gras.

Wir glauben, es weiß nichts. Und was wissen wir?
Wir kennen das Postkartenbild:
Geglimmerter Winter auf Glanzpapier:
Wald im Schnee. Davor ein Stück Wild,

In Starre verfallen, wie außer der Zeit
Und wie für uns aufgestellt.
Dabei hat es seine Vergangenheit
Und seine (gefährdete) Welt.

Nebelgespenster

Solange die Wildgänse ziehen,
Hab ich meine schlimmste Zeit.
Immer nur: flattern statt fliehen.
Verwurzelt sein und *bereit*.

Und wie heut die Gänse in Nebel
Und Finsternis irren und schrein:
Sie können den Waldsee nicht finden.
Da falln sie allabend sonst ein.

Sie kreisen und kreisen und schwinden.
Und kommen und kreisen und schrein.
Auf einmal Verlornen und Blinden
Muß so zerrissen sein.

Kein Licht zu haben, kein Fenster,
Auf das man zugehen kann,
Nur Nebel und Weltraumgespenster –
Das wär es, das fiele mich an,

Hätte ich mich vom Schreien der Gänse
Fortreißen lassen zur Nacht.
Ich hielt mich. Aber verwildert
Hab ich mich heimgebracht.

Blumenweisheit

Für Henry Thetmeyer

Nichts freut mich mehr.
Nicht mehr die kleinen Lieder.
Die fremden nicht
Und auch die meinen nicht.
Wann find ich meine Freude wieder?
Wann wieder wend ich mich zum Licht,
So wie die Blumen sich hinwenden
Zum Licht und vor dem Schatten fliehn?
Wir sind begabt mit guten Händen.
Aber die kleinen Blumen ziehn
Sich ohne Halt und ohne Hände
Vom Finstren fort und hin zum Licht.
Und kennen Anfang nicht und Ende.
Wir haben ihre Weisheit nicht.

Sonne

Man sollte von der Sonne singen,
Und wie die Luft nach Wasser riecht.
Und singend so den Winter zwingen,
Und nicht beschreiben, wie man kriecht
Und schleppt an unsichtbaren Lasten
(Der Jugend Irrtumschuldenlast).
Die Alten halfen sich mit Fasten,
Warn sie vom schwarzen Geist erfaßt.
Uns ist die Sonne doch geblieben,
Die uns beherrscht ob Finsternis.
So weit wir sonst auch abgetrieben:
Die Sonne wirkt und ist gewiß.

Frühling

Jeder Frühling schmeckt uns schärfer.
Immer milder schmeckt die Luft.
Immer sichrer zielt der Werfer
Sich mit uns ein. Auf die Gruft.

Himmelsblau

Ich habe gegen die Erde gesündigt,
Die immer da ist und immer bemüht.
Ich habe mein Bündnis mit ihr gekündigt,
Die junigrün duftet und junirot blüht.
Dabei weiß ich seit langem genau:
Nichts ist so wichtig, was uns betrifft,
Wie das gesegnete Himmelsblau,
Unsre untilgbare Lebensmitgift.
Aber ich hab von der Liebe gesungen.
Gräser und Grün habe ich verbannt
Aus meinem Lied. Habe mich nicht bezwungen,
Mich wie ein dummes Mädchen verrannt.
Um mich her warten Blumen und Bäume.
Wieviele habe ich niemals beschrieben!
Und ich bewein meine toten Träume.
(In denen mir träumte, du würdest mich lieben.)

Gewinn

Geheimes Leben der Tiere:
Stakkato der Spechte im Wald.
Verschlüsselte Schnabelsignale.
Die Hügel überhallt
Die Morsesendung des Grauspechts.
Die Antwort kommt aus dem Tann:
Verlust des Glaubensvorrechts
Das nur *er* denken kann,
Der Mensch, und Ziele verfolgen.
Er fängt zu verstehen an,
Daß damit noch nichts getan ist
Zu sagen: eben ein *Tier*.
Die Tiere sind vielleicht anders.
Aber *leben* tun sie. Wie wir.

Distel

Die trocknen Disteln fliehn vorm Sturm.
Wie Tiere sind sie hingeduckt,
In denen Angst, der Todeswurm,
Sich erdwärts krümmt, eh er verzuckt
Im wilden Fluchtsprung durch das Feuer.
Gefesselt fliehn – mein Abenteuer.

Anfang August

Am Mittag ist es anders,
Als es am Morgen war:
Verändert ist der Himmel.
Es ändert sich das Jahr.
Der Sommer ist vom Staube
Der Trauer überhaucht,
Wenn in der Wiesenfrühe
Der Nässenebel raucht.
Am Mittag kommt Gewitter
Aus einer Ferne her.
Das Grün wird grau und bitter.
Das Licht wird schwül und schwer
Vom Überhang der Stille.
Eh sie der Donner bricht.
Morgens tönte die Grille
Das unverletzte Licht.

Septemberabend

Am Abend stehn die Kiefern steiler.
Das Dach wird leichter.
Und das Leben blau.
Und unser weltverlaßner Weiler
Wird mir so wichtig wie der Tau
Dem Alten, der das All erkannte.
Der Abend brennt die Trauer aus,
Die mich am Mittag brannte.

Bekenntnis

Die nackte Existenz.
Verhüllt von flatternden Wortgirlanden …
Wie schändlich ich die Tage durchschlenz,
Als hätte ich nie das Geringste verstanden
Von dem, was ich schrieb aus *einem Sinn* …
So töricht treib ich die Zeit dahin,
Als gäbe es für mich keine Zeit
Und nicht die Zeichen: es ist bald soweit.
Sag, was zu sagen ist. Sag es im Ernst.
Bekenne, daß du zu leben nicht lernst,
Daß es dir nicht und nicht gelingt,
Mit deinem Leben ins reine zu kommen.
Sag: es ist Mai, es ist Nacht, es singt
Die Nachtigall ist nicht wiedergekommen.

Dauer

Manches Mal fürchte ich die Stimme,
Die nach mir ruft, die Poesie.
Ich soll die Zeit anhalten. Dauer
Für zwei, drei Worte. Mimikry
Der Sonne und der Vogelbeere.
Kein Sommertag will ganz vergehn.
Der Tau will, daß ich ihn vermehre.
Grille und Gras wolln fortbestehn.

Die Bäume

Für meine Brüder Wolfgang und Udo

Unter hohen und rauschenden Bäumen,
Als ich jung war, habe ich da gestanden
Am Rande von Wegen, die möglich
Mit mir ihren Anfang fanden …
Dieser Aufriß von Grün, dieses Grün unterm
   Wind!
Und ich, das vom Leben erwartete Kind,
Unterm Domdach der rauschenden Eichen
Verharrend erhoffend ein Zeichen,
Wohin in welche Richtung zu gehn …
Es war ein solches Einverstehn
Zwischen mir und den Eichen als auch den
   Linden …
Ich würde meinen Weg schon finden,
Den sie mir wiesen aus ihrer Sicht.
Es kam doch alles her vom Licht,
In das sie wuchsen Tag und Jahr …
Die hohen Bäume sagten wahr:
Ich würde in ein Dickicht gehn
Und all die Dunkelheit bestehn
Des Lebens und im Ichverzicht.
Und erst mein siebentes Gesicht
(Sieben mal sieben Lebenskreise)
Würde das meine sein. Unweise
Unschön als: verloren.
Und nicht zum Glück sei ich geboren,

Sondern im Unglück mich zu mühn.
Ich hörte nichts. Nur rauschend Grün.
Es redeten zu mir die Eichen.
Doch ich mißdeutete die Zeichen.
Und schlug den Weg ein hin zum Licht
Aber das war der meine nicht.

Zukunft

Mild und milder wird die Wolke Zukunft.
Sie verschwimmt, in Rosenlicht getaucht.
Wild und wilder wird in mir die Wortbrunft.
Die mich nimmt, als wär ich nicht gebraucht.

Letztes Reimwort

Letzten Herbst hatte ich Lieder.
Diesen Herbst bin ich verstummt.
Letztes Reimwort: nie nie wieder.
Bis der Frühling in mir summt.

Arbeit

Tagelange Qual
Um eine einzige Zeile.
Zehn Varianten zur Wahl.
Und an der elften feile
Ich unablässig und bin taub
Für äußeres Geschehen.
Bis ich, ermattet, endlich glaub:
Jetzt ist genau zu sehen,
Was sichtbar werden soll durch mich.
Die *Arbeit* ist vollendet,
Und das Gedicht schließt sich in sich.
Doch eh das eine endet,
Ist neue Unruhe in mir:
Geheime Codezeichen
Warten, daß ich sie dechiffrier,
Und lassen sich nicht streichen,
Bis sie in Bildern faßbar sind
Und klar im Lichte stehen.
Und wieder bin ich taub und blind
Für äußeres Geschehen.

Zwang

Ich würde meine Kinder Steine essen lassen.
Nur um zwei Worte zu Papier zu bringen.

*

Es brandet gegen mich. Wird mich verschlingen.

*

Geboren wird der Vers als Schrei.
Ihr aber hört mich *singen*.

Annonce I

Meine lieben Feinde die Lyriker
Dieses Landes lästern mich,
Erzählt man mir. Ich ärgere sie
Und bin ihnen hinderlich.

Das lasse ich ihnen. Bleibt mein Gedicht
Dennoch frei wie mein Wille.
Das Männliche wird, wie Laotse spricht,
Vom Weib überwunden durch Stille.

Flucht

Ich will drei Jahre lang schweigen.
(Nicht wirklich. Nur im Gedicht.)
Ich will mich übersteigen
Und leiste den Verzicht
Auf die billige Selbsthypnose,
Die tägliche traurige Flucht
In Verse. (Geheime Narkose
Und allesverzehrende Sucht,
Meine Träume zum Tanzen zu bringen,
Als Ersatz und Scheindasein.)
Und kann ich, so will ich mich zwingen
Und will nicht mehr nach dir schrein.

Wahrheit

Ich stehe mir gegenüber,
Wie mich die Leute sehn,
Die meine Gedichte lesen
Und glauben, mich zu verstehn.
Sie halten mich für stärker,
Als ich in Wirklichkeit bin,
Sie nehmen Worte für Wahrheit
Und meinen, ich wüßte den Sinn
Des Lebens, den ich suche
Und immer wieder verlier.
(Verzweiflungen schlagen zu Buche
Und fallen ab von mir.)
Es scheint, als ob ich siege,
Wenn ich die Worte bezwinge,
Doch bezwinge ich nur meine Schwäche,
Und mein Mut macht nur, daß ich singe.

Annonce II

Macht mal halblang, habt mich gern,
Ohne mich gleich zu vergotten.
Sucht nicht immer einen Herrn,
Um ihm gläubig nachzutrotten.

Ein Gespräch als unter Gleichen,
Anders will ich es nicht führen.
Rechnet mich nicht zu den Reichen.
Devotion kann mich nicht rühren.

Trinkt das Wasser, eßt das Brot
Selbstverständlich. Es ist euer.
Außerdem back ich mit Schrot,
Und es kommt mich nicht so teuer

Wie ihr meint. Müßt mir nicht danken,
So als ob ich Segen stifte.
Nur weil ich die zeitlich Kranken
Speise und nicht noch vergifte.

Beim Lesen eines Dichters

Besser, als Günter Eich zu lesen,
Ist es, die Fenster zu putzen.
Die Welt ist nichts für menschliche Wesen.
Na und? Wem soll diese Weisheit nutzen.
Diese Art Dichtung kommt mir so vor:
Zuviel Alkohol und zuwenig Pflichten.
Ein auf dem Stand verbrauchter Motor.
Zum Teufel überhaupt mit Gedichten!
Dann lieber Vernunft, Organisation.
Man muß die Welt zu ändern versuchen.
Und nicht mit trauerndem Unterton
Der Menschheit zu ihrem Untergang fluchen.
Gleicht einer dem andern. Wozu uns verdammen.
(Den Wert des Lebens kannte auch Eich.)
Nur eins geht noch immer nicht friedlich zusammen:
Die alte Geschichte: Arm oder reich.
Einst hat Eich den Mann mit der Hacke beschrieben.
Den in der blauen Jacke. Mit Neid
Sah er auf ihn. Das ist geblieben.
Und das widersteht der neuernden Zeit.
Denn das war Wahrheit seit Kanaan:
Der Mann, der die Erde gräbt und gestaltet
Und das Gesetz ihrer Umlaufbahn,
Den Wechsel des Lichts, als Gärtner verwaltet.
Der Mensch hat Großmut verdient. Laßt ihn leben!
Zweifelt ihm nicht die Zukunft fort.
Helft ihm, sich endlich zu sich zu erheben.
Und reißt ihn vom Abgrund mit Eurem Wort.

Doppelporträt

Ahmed Muhamed, Dichter aus Bosnien.
Und was für ein guter Dichter das ist!
Ich vergesse nie gute Dichter.
Und ich hoffe sehr, Ahmed Muhamed vergißt
Seinerseits nicht die Frau aus dem Dorfe,
Die weiter nordwärts ein Dichtwerk betreibt
Und so wie er über irdische Dinge
Wie über Makrokosmen schreibt.

Poesie

Ich glaube an die Poesie,
An die Notwendigkeit der Dichtung.
Und wie die Liebe wird sie nie
Vergehen. Welche Richtung
Die Mode macht, ist unerheblich.
Das gilt nicht mehr als Puppenspiel.
Und Fratzenschneiden ist vergeblich.
Die Dichtung ändert nie ihr Ziel,
Den Menschen deutlich auszusprechen,
So wie er ist zu ihrer Zeit.
Die Formen können leicht zerbrechen.
Da sei man ohne Eitelkeit
Und scheue nicht vor kleinen Dingen.
Der allergrößte Gegenstand
Kann kein Gedicht zustande bringen,
Wenn sich kein Dichter dazu fand.
Nur kleine Dichter sind *erhaben*.
Den großen Dichtern ist nichts klein,
Sie teilen ihre kleinen Gaben
An Menschen aus von Fleisch und Bein.

Dämon

Ich kann mich nicht retten.
Ich gehe zugrunde.
Ich treibe nichts andres als Selbstvernichtung.
Unüberwindlich ist mir die Stunde.
Und eine Droge ist meine Dichtung.
Wer hat mich verloren.
Wer hat mich verraten.
Und welche geheimen vergangenen Taten
Hab ich zu verbüßen?
Wer geht in mir um?
Wer spricht zu meinen Worten stumm
Den Untertext, verwirrt ihren Sinn?
Kann es denn sein, daß ich das bin

Dunkelstunde

Schneestille. Dunkelstunde.
Der Wind hat die Kiefern gestimmt.
Ich singe mit bitterem Munde.
Niemand, der es vernimmt?

Bei Tag

Ich habe alles längst geschrieben,
Was sich vom Leben schreiben läßt.
Und mir ist weiter nichts geblieben
Als jener unsagbare Rest,
Den man dem besten Freund nicht mal,
Aus Furcht vor Abscheu, sagen mag:
Die nächtige Verneinungsqual,
Die man verneinen muß bei Tag.

Der Preis

Ich bin ein Dichter. Ohne Bedeutung
Ist, was ich sage: Fürchtet euch nicht!
Dichtung ist etwas wie eine Art Häutung.
Manchmal verletze ich mein Gesicht.

Ich bin bereit, das *eure* zu rauben,
Sobald es um eine Liebe geht.
Aber ihr sollt von mir niemals glauben,
Daß mir der Sinn nach *besitzen* steht.

Es ist nur ein verbales Verbrechen,
Das ich begehe. Weiter ist nichts.
Ihr braucht an mir nicht etwas zu rächen,
Was ich gewann zum Preis des Verzichts.

Gramm

Schreib beim Waschen, schreib beim Kochen.
Ich muß fühlen, daß ich *bin*.
Manchmal bleibt von sieben Wochen
Ein Gramm Poesiegewinn.

Worte

Herrgott, ich danke Dir, daß ich nicht stumm bin,
Daß mir die Sprache leben hilft.
Ohne die Worte, die es klären,
Wäre mein Leben schon verschilft.

Die Drossel singt

Wenn ich sage: *Die Drossel singt*,
So will das nicht viel sagen
Für den, der nicht weiß, wie der Drosselsang klingt.
Er kann nicht übertragen,
Was an meinen Worten wirklich ist.
Ihm fehlen Bilder und Töne.
Nur wenn man sie an Erfahrungen mißt,
Verwandeln sich Worte ins schöne
Gefühl. Man erweitert sie
Um Zeiten und um Welten.
Wem nie die Drossel sang märzmorgenfrüh,
Dem kann mein Wort nicht gelten.

Das ist wie vorm epileptischen Anfall:
Ich werde von Unruhe zersprengt.
Etwas arbeitet in mir gewaltsam,
Das auswärts und nach Worten drängt.
Ich laufe hinaus und suche nach Halt.
Wo ist die Erscheinung, an die ich mich halte?
Welcher Baum ruft mich auf und redet aus mir,
Eh ich verbrenne oder erkalte.
Die Anfälle häufen sich. Nur durch Verwandlung
In Worte kann ich sie überstehn.
Und das setzt sich fort als Lebenshandlung
Und wird mir zum wirklichsten Weltgeschehn.

Verwandtschaft

Das Dichten ist am ehesten
Mit dem Lieben verwandt.
Es ist so glücklich unbewußt
Und jenseits vom Verstand.

Beim Lieben weiß man erst hinterher,
Ob man seine Würde bewahrte.
Wenn man im Wortorgasmus ist
Und sich dem Nichts verpaarte,

Kann man nicht fragen: Darf das sein?
Was werden die Leute sagen?
Man gibt sich hin. Erst hinterher
Kommt der Verstand mit Fragen.

Wer weiss

Das glückliche Gleichmaß der Prosa
Wäre das mir Gemäße.
Wenn ich nur nicht immer wieder
Das mir Gemäße vergäße …
Und nicht nur, was das Schreiben,
Erst recht, was das Leben angeht …
Aber wer weiß, wie das Eine
Leidend dem Andern entsteht?

Mondnacht

Für Almut Giesecke

Steuerlos und ruderlos
Und unbesegelt ist das Schiff
Und ist gelaufen auf ein Riff
Und leckgeschlagen. Der Mond steht groß
Über mir, die schiffbrüchig ist
Und nicht imstande, das Riff zu erklimmen.
Irgendwo gibt es Menschenstimmen.
Doch keiner ruft und rettet mich.

Ich warte gelassen auf das Ertrinken.
Aber das Schiff kann gar nicht sinken.
Auf Grund gelaufen, hält es sich.

So verwart ich die lange mondhelle Nacht.
Kauernd im Mondlicht ohne Schatten.
Daß die Erinnerung erwacht.
An Meere, die wir vor uns hatten
Und endlos, endlos zu befahren –
Der Horizont schien sich zu heben –
All dieser Ozean an Jahren.

Auf einmal war es schon das Leben.

Das Wort

O Gott. Das runde Wort. Es auszusprechen
Und auszurufen ohne Sinn,
Ist Lästerung nach dem Verbrechen …
Und doch: O Gott. Daß ich es bin …

Philosophie

Es ist einfach Unsinn, die Zeit
Philosophisch zu relativieren.
Ein Jahr ist ein Jahr. Lang und breit
Kann man das *diskutieren*.
Was Einstein erkannt hat, gilt für uns nicht.
Unser kurzes menschliches Leben
Steigt und fällt ab mit dem irdischen Licht.
Im Weltall mag es nichts geben,
Worauf man die Zeit fixieren kann.
Doch *WIR* zählen unsere Jahre,
Und mit der Geburt fängt das Leben an,
Und mit vierzig verbleichen die Haare …
Und wenn wir sehr philosophisch sind,
Tun wir so, als ob das nichts ausmacht.
Doch manchmal beneiden wir Weisen ein Kind,
Das nichts weiß und uns einfach *auslacht*.

Glaubenskrise

Für Günther Drommer

Von perfekten Radarsystemen umstellt –
Ohren und Augen atmosphärisch weit offen –
Haust jeder in also *gehüteter* Welt
Aus Leben und Sterben, Verzweifeln und Hoffen.

*

Wenn man das Überauge *denkt*
Und das Überohr, das uns umlauscht,
Fragt man: wozu haben wir *Gott* verschenkt?
Wofür haben wir ihn eingetauscht.

Hürde

Wenn ich mich der Philosophie ergeben würde,
Könnte ich *dich* relativieren.
Vielleicht nehme ich doch diese harmlose Hürde?
Und dann kann mir nichts mehr passieren?
Ich verwandle uns in ein Objekt
Der gelehrten Betrachtung.
Und was mich heute schüttelt und schreckt,
Erkenne ich mit Verachtung
Als Wahnvorstellung und als Verstoß
Gegen meine *Sendung*.
Und ich erfahre: Der Mensch ist groß,
Verfällt er nicht der Verblendung.
Aber ich kenne mich: in mir hockt
Ein Teufel aus Träumen und Trieben.
Ich bin trotz Philosophie verstockt
Und will dich einfach *lieben*.

Zweifel

Natürlich ist die Welt ohne Sinn.
Die *Gesetze* sind eine Erfindung.
Noch immer gilt nur: ich denke – ich bin.
Unsicher ist unsere Bindung
An die Erde und uns. Wir sind angeseilt
Mit dem seidenen Faden der Spinne.
Und wer von uns lebt nicht zweigeteilt
Zwischen Tod und Tag, dem: *Beginne!*

Halbschlaf

Ein Wald. Ein Haus. Ein März. Ein Morgen.
Halbschlaf. Ein Wind kommt übers Haus.
Reißt mich herauf zu meinen Sorgen.
Und reißt die blauen Träume aus.
Die Träume sind so selten freundlich
Und sind so selten sommerlich.
Aber an diesem grauen Morgen
Bewohnten blaue Träume mich.

Nacht

Die Nacht kommt über mich,
Der Tod, der schwarze.
Ich harze
Die Bäume meiner Trauer.
Und süßer Saft rinnt aus den Wunden.
Ich zähl die Zeit nach Lebensstunden.
Ich und die Welt ohne Vermittlung.
Im Vakuum.

Vorläufig

Ach, alles was wir tun, ist nur *vorläufig*:
Vorläufig lebe ich. Und es gelingt
Mir eine Zeile. Aber häufig
Genügt ein Tag, und sie versinkt
Ins *Nichts*. Und nicht gewesen
Ist das Bewußtsein von Gewinn.
Ein andrer mag sie einmal lesen.
Für mich ist sie dann längst dahin.
Nur einen Tag gab sie mir Haltung
Und ließ mich aufrecht gehn im Licht.
Aber das Ende der Gestaltung
Ist auch der Anfang vom Verzicht.
Ach, alles was wir tun, ist überwendlich.
Wir wollen *Dauer*. Doch die Zeit,
Die uns gegeben ist, ist endlich.
Und nichts gibt es, was uns befreit
Von diesem Widerspruch: zu leben
Und zu vergehen. Nur im Wort
Gelingts den Zwiespalt aufzuheben:
Es löst sich von uns und zeugt fort.

Erinnern

Stehendes Gewässer:
In der Tiefe ist keine Regung zu sehn …
Eine Weile im Grünen gesessen.
Übungen im Vergessen:
Es wird schon gehn …

Einmal war ich an einem Ort,
Der hieß *Wildbirnenbaum*.
Oberhalb Tbilissi der Stadt …
Plötzlich schmetterte Hagel herab
Und zerschlug den dürftigen Raum
Des Kiosks, in dem ich mit Freunden saß …
Warum ich den Wettersturz nicht vergaß?
Einer der Freunde *schmachtete* mich
Seit vielen Jahren an …
Der Hagel hat seinen Wagen zerspellt.
Er war ein geschlagener Mann.
Und ich war schuld. Er hatte für mich
Diese Fahrt auf den Berg gemacht.
Ich schämte mich. Das *Augenspiel*
Hatte ihm nichts als Schaden gebracht …
Auch er ist schon tot. Ich erinnere mich
Seiner von Zeit zu Zeit.
Und immer mit diesem Gewissensstich:
Wildbirnenbaum. Der Mann und ich.
Und Schloßen hat es geschneit …
Sein träufendes Haar. Das zerweichte Hemd.

Dieser penible Mann …
Ein *Sir*. Auf einmal verzweifelt und fremd.
Was ich nicht vergessen kann,
Ist dieser Sturz aus der Leichtigkeit
Des Seins mit dem Wetterschlag.
Die sichere Sonne der stehenden Zeit …

Und plötzlich zerbrach uns der Tag.

Tote Zeit

Abwesenheit von Liebe.
Abwesenheit von Schmerz.
Abwesenheit von Leben.
Sparflammengeflacker:
Das Herz.

Migräne

Auf einem Lido in meiner Brust
Lautlos lächelnd und unbewußt
Badet ein blauer Vogel aus Lust.
Leis italienisch schaukelnde Kähne.
Braun ist das Glück, Schnee sind seine Zähne.
Einmal greift jeder das Glück bei der Mähne.
Fächern ihm blau und grüne Pfauhähne.
Schluchzendes Weiß ziehn im Äther die Schwäne.
Unten ist Urwald und fiebert Migräne.
Setzt die Mangroven der Leere in Blust.

In P.

Bananenbaum Bongo. Turtelnde Taube.
Trollblüte Tulpe. Syringenlaube.

Eine solche Absurdität wie das Leben
In diesem *Weltbad* ist nichts für mich.
Ich werde mich lieber der Krankheit ergeben.
Vielleicht ergibt die Krankheit dann sich.

Bronzene *Nine*. Wasserspeiender Fisch.
Tränke der Amseln beim Vergißmeinnichttisch.

Zu Hause kann ich mich drüber erheben.
So wie ich handle, bin ich doch ich.
Hier bin ich nicht. Ich bin nur daneben.
Neurotisch. Nichtswürdig. Halbweinerlich.

Pappelschneesamen. Damen in Gold.
Die Nachtigall hätt hier nicht singen gesollt.

Wüste

Meine Seele ist wie trocken.
Durch die Wüste irre ich.
Nähr mich von Erinnrungsbrocken.
Und die Welt verweigert sich.

Jahrstag

Heut ist die erste Rosenknospe aufgebrochen
An meiner schottischen Rosenwand.
Heute vorm Jahr, vor zweiundfünfzig Wochen –
Das war in einem andren Land –
War er zum letzten Mal bei mir.
Das war ein andrer Ort, nicht hier.
Aber es war doch dieser Garten,
Es war doch dieser Rosenzaun,
In dessen Schutz ich im Vertraun
Auf Zukunft bis zuletzt mit ihm gesprochen …
Und nun ist Jahrstag. Kein Erwarten.
Nur diese Rose ist heut aufgebrochen.

Kommunikation

Ich antworte Deiner Stimme,
Die in einer anderen Sprache spricht.
Über Sommer bin ich eingedrungen
Wie in ein Dickicht in Dein Gedicht.
Im Frühling haben wir uns getroffen.
Jetzt ist Herbst. Und ich seh Dich nie mehr.
Aber Deine Verse sind mir nun offen.
Und mit ihnen kommst Du zu mir her.
Dein Leben vermischt sich mit meinem.
Was Du sagst, könnte von mir sein.
Mein Gedicht ist so nahe an Deinem
Von Kreuzotter, Sonne und Stein.

Erinnerung

Erinnerung, Erinnerung,
Die Droge, die mich überwindet.
Der Dämon, der mich über Bergen
Und hinter hundert Tälern findet.

Nostalgie

Die schreckliche Krankheit Nostalgie,
Die andre in der Fremde befällt,
Befällt mich, wenn ich zu Hause bin.
Ich sehne mich nach der Welt,
Als wenn sie meine Heimat wäre
Und ich hätte sie verloren.

Und ich suche und suche, als wäre ich,
Wer weiß wo, in der Ferne geboren.

Reisen

Und wieder bin ich eine andre:
Ich fliege über Straßen hin
Und fahre fremd durch fremde Städte.
Aufblaut der Morgen. Und ich *bin*.

Sprache

Die klare Sprache Ja und Nein.
Die Wirklichkeit und nicht ihr Schein
Bedeutung. Sie bedeutet nichts,
Nur Auf- und Untergang des Lichts.
Die klare Sprache Ja und Nein,
Und meine eigne Zeit zu sein.
Die *Zeitansich* betrifft mich nicht.
Nur meine kleine Zeit im Licht.
Die klare Sprache Ja und Nein.
Nacht oder Tag. Eins kann nur sein.
Kein Rätsel im und aus dem Wort.
Nachricht vom mir bestimmten Ort,
An dem ich lebe unterm Licht
Der Jahreszeiten und dann nicht.
Ich bin. Dann werd ich nicht mehr sein.
Die klare Sprache Ja und Nein.

Kern

Immer noch einmal kann es geschehen,
Daß eine Glücks-Phiole aufbricht
Innerst, da sie verborgen war …
Plötzlich durchrast mich ein berstendes Licht …
Der Lichtquell erlosch schon vor einem Jahr.
Doch hat sich in mir ein Atom eingeglast,
Ein glühender Kern, der Bleikammern sprengt.
Und wieder bin ich von Licht durchrast.
Und wieder bin ich von Liebe versengt.

Nachricht

Für Hermann Kant

Der einsame Hof. Die zwei Islandpferde.
Die nackte nasse Novembererde.
Ein schwarzer Kater, der *Tacitus* heißt
Und im Schutze der Rosen die Amseln reißt,
Die die Früchte der *Rosa Rugosa* begieren,
Die riesig lackroten ... Das Leben mit Tieren.
Der Schrei der Gänse im Abendgrau.
Der lastende Himmel. Ich alternde Frau.
Mit nichts verbunden. *Außer* dem Sinn.

Ich wunder wo und *daß* ich bin.

März

Nun gut, nun gut, ich nehme es an,
Von nun an von mir abzusehen
Und froh zu sein, daß ich sehen *kann*
Und über die Erde gehen,
Dem Frühling entgegen, der mit den Stimmen
Von Amsel und Grünspecht sein Kommen ankündigt …
Es ist ja wahr, ich hab mich mit schlimmen
Gedanken gegen das Leben versündigt,
Das neu die alten Kulissen bemalt.
Die März-Inszenierung ist auch für mich.
Ich hab einen hohen Preis bezahlt,
Um dabeizusein. Und das werde ich.

Epitaph

Wie eine Larve werfe ich
Einmal all meine Zweifel ab.
Dann will ich Ruhm! Und sei es auch
Spät und an meinem toten Grab.

Ich habe schwer gelebt und viel genossen
Von jenem süßen Bitterbrot
Der Selbstqual und der Selbstverzweiflung.
Und mein Geschwister war der Tod.

Und nur auf eins war mein Verlangen
Gerichtet: Auf die Ewigkeit.
Ich habe mich zu Fels verdichtet:
An mir teilt sich der Strom der Zeit.

Hoffnung

Lästiger Leib, verzerrte Gestalt,
Meines Nichtwillens gültiges Siegel.
Jämmerlich stehe ich vor mir im Spiegel:
Dick, gedemütigt, grämlich und alt.

Schlecht gewirtschaftet hab ich mit mir,
Gehen lasse ich mich seit langem.
Irgendwann hat es angefangen:
Ich verlor den Feind aus dem Visier,

Der in mir säuselt: dies oder das,
Alles ist eins, nichts wird sich ändern,
Nicht in Zeiten, nicht in den Ländern.
Du leb für dich und das Übrige laß.

Furcht das Gift ist in mich gedrungen:
Krankheiten, Kriege, Weltenvernichtung.
Doch hat die Hoffnung in meiner Dichtung
Noch nicht ihr letztes Lied gesungen.

Guss

Es ist mir nicht mehr wichtig,
Ein langes Leben zu leben.
Der Tod wird mir schon nichtig.
Man kann sich auch ausgeben
In ein paar kurzen Reifejahren,
Wenn man sich ganz zusammenfaßt.
Ich habe schon soviel erfahren
Und leide an der Überlast
Von Bildern und Empfindungen,
Die ich aus mir filtrieren muß
Zu neuen Sinnverbindungen:
Leben und Tod in einem Guß.

Müde

Ich bin es müde, über Frühlinge zu reden.
Sie kommen und sie gehn an mir vorbei.
Zu müd, mich länger anzulügen,
Daß das, was war, nicht *alles* sei.

Verwünschung

Ich denke so: wenn ich tot bin,
Kommen meine Lieder zu dir.
Dann wirst du nach mir verlangen
Und weinen wegen mir.

Und du wirst Liebe lernen.
Ich werde in dir zum Stein.
Du wirst mich nie mehr verlieren.
Ich wachse in dich ein

Und werde dir Wunden machen
Und schmerzen in deiner Brust.
Heut kannst du noch über mich lachen
Und hast deine kalte Lust.

Ich denke mir, wenn ich tot bin,
Wird alles so geschehn.
Hast du genug gelitten,
Werde ich auferstehn.

Spiegelbild

Ich kann mein Bild im Spiegel nicht ertragen.
Ich bin versucht, es zu zerschlagen.
Die Tränenspur aus jenen Tagen,
Die ich ertrug, ohne zu klagen,
Ohne ein leises Wort zu sagen,
Verwittert plötzlich mein Gesicht.
Das in mir leuchtete, das Licht
Ist umgestürzt. Und keiner spricht
Die Lüge, die mich lächeln ließe.
Wie anders ich die Lippen schließe
Als noch vorm Jahr. Was ist geschehn?

Ich will mein Spiegelbild nicht sehn.

Licht

Ich kann auf meine Stunde warten.
Ich hab den Wahn schon vorverbraucht.
In Winternächten, kalten, harten,
Hat mich der Mond in Licht getaucht.
Hellres kann auch der Ruhm nicht bringen.
Ein fahles Zwielicht, wie verwirrt.
Ich werde lieber weiter singen,
Wie Kinder, die, im Wald verirrt,
Die Furcht zersingen und das Dunkel.
Herbeisingen das Sterngefunkel
Des kleinen Lichts in Haus und Stall.
Und eines großen Lichts im All.

Finstere Stunde

Ich spüre, wie ich vereise.
Vom Alter, nicht vom Frost.
Ich rede verlegen und leise.
Mein Lachen ist brüchig von Rost.
Ich kann nicht mehr in mir leben.
Und aus mir kann ich nicht hinaus.
Kein Sturm, kein Stern, kein Streben.
Nur Finsternis, Stille, das Haus.

Gesetzlos

Ich lebe gegen das Gesetz,
Das Alter, Sitte und Verpflichtung
Mir auferlegen. Ich verletz
Mich und die Meinen für die Dichtung,
In die mein Leben sich verwandelt.
Ich bin mein Feind: Protokollant
Von dem, was in und an mir handelt.
Und ich verberge nicht den Brand,
Der mich verheert. Ich laß ihn flammen
In Versen. Ich bin ohne Scham.
Und das Gesetz mag mich verdammen,
Wenn ich ihm nur als *Wort* entkam.

Turdische Amsel

Für Christa und Gerhard Wolf

Der Garten kennt mich nicht mehr.
Mich Fremde im Herzen. Lieblos wie leer.
Denn Liebe, die nicht ihren Widerpart findet,
Der sich mit ihr in Liebe verbindet,
Verdorrt an der Wurzel, ein kümmerndes Kraut …
Und all dieser Frühling, der um mich erblaut,
Ehrenpreisblau und tulipanrot,
Ist rein für nichts. Ich bin ja wie tot,
Da mir nur tote Liebe begegnet …
Einst war ich mit lebender Liebe gesegnet,
Und all dieser Frühling meinte auch mich.
Wenn wir uns, zweibeide geschwisterlich,
Selbdritt mit dem Garten im Grünen ergingen.
Verschlungen die Hände. Hin unter dem Singen
Der turdischen Amsel, die sang da und sang …
So würde es gehen ein Leben lang.
So würden wir immer im Grünen hingehen …
Aber dann ist doch das andre geschehen.
Innen und außen so lieblos wie leer.
Ach, unser Garten erkennt mich nicht mehr.

Lebensland

Der Schatten der Schwalbe an der Wand
Im Morgenlicht stürzt ins Krankenzimmer.
So das ist jetzt mein Lebensland.
Ich liege gelähmt. Doch ich seh ja noch immer.

Nachwort

Am 14. Januar dieses Jahres bat ich zum Ende eines *Rundbriefes* meine Freunde und Leser, mir zu schreiben, welchen Titel ich für meinen Gedichtband wählen solle von diesen

Wildbirnenbaum
Mein siebentes Gesicht
Sieben mal sieben Lebenskreise
Auf einmal war es schon das Leben
All dieser Ozean an Jahren

auch *Erinnern* und *Lebensland* habe ich noch genannt. – Es war so eine *nächtliche Eingebung*, als ich mich aus meinem Fontane herausriß – ich las da gerade seine Erinnerungen an die Kindheit in Neuruppin und in Swinemünde, ich lebe in einer schon Monate währenden Fontane-Zeit. Jetzt lese ich wieder »Schach von Wuthenow«, die Tragödie von verletztem Stolz und Schicksalsschlag durch Schönheitsverlust: das Pockengesicht des Mädchen Victoire, seine Verführung im Dunkel der Dämmerung durch Rittmeister von Schach, der aus einem nichtexistenten Schloß Wuthenow am Ruppiner See stammt, mein Nachbar sozusagen. All diese Fontaneschen Gestalten sind mir so nah, so vertraut wie auch die Orte und Landschaften, in denen sie leben, sich bewegen und begeben, sie stimmen so zu mir, so mit mir überein wie auch seine Gedichte mit mir übereinstimmen, die oft einfältig schlichten, die mit dem Leben einverständig sind …

Viel Zustimmung in den alsbald eintreffenden Briefen fand die Schlußzeile des Gedichtes *Mondnacht*: »Auf einmal war es schon das Leben«, aber auch die zu dieser gehörende, ihr vorausstehende Zeile »All dieser Ozean an Jahren«, die mit ihr die Pointe des Gedichtes bildet, ganz mit meinem Einverständnis übrigens, von mir so gefühlt und erfaßt in einer Mondnacht 1998. Aber die untergründige End-Stimmung dieser Zeilen war mir dann doch bedenklich als Titel für ein ganzes Buch.

So trug die *Palme* der *WILDBIRNENBAUM* davon, für den ich mich schließlich entschied. Mein Sohn Erwin und mein Freund Hermann Kant waren von Anfang an für diesen Titel. Ich auch, ich hatte ja dieses Kaukasusgedicht geschrieben, ich als einzige sehe ja diesen Ort oberhalb Tbilissis vor mir, ich allein weiß, was und wo der Wildbirnenbaum ist. Und da Fontane über den Birnbaum im märkischen Ribbeck ein so schönes menschliches Gedicht schrieb, schließt sich der Kreis.

So heißt dieses Buch zum Gedächtnis Fontanes, der mein Nachbar aus Neuruppin und mein Nachbar in Landschaft und Geist ist, nun *WILDBIRNENBAUM*.

Und: Friede sei mit ihm und gehe mit den Gedichten zu meinen Lesern. Denn schließlich finden Chaos und Not immer ihren Frieden in der Form, im gebändigten Wort. Das endlich zu den Lesern, zu manchen mit mir seit Jahrzehnten durch Gedichte und Briefe verbundenen Lesern, geht. Denn es sind wohl vier Jahrzehnte Leben unter diesem Wildbirnenbaum versammelt.

Eva Strittmatter *Schulzenhof, 14./15. März 2009*

Inhalt

Eva Strittmattter/
Erwin Strittmattter
Du liebes Grün
Ein Garten- und Jahreszeitenbuch
Mit 80 Fotos von Lennart Fischer
und Rainer J. Fischer
160 Seiten
ISBN 978-3-7466-2407-5

Erstmals Eva und Erwin Strittmatter in einem Band

Als Erwin und Eva Strittmatter nach Schulzenhof zogen, gab es den Wunsch, sich einzugliedern in den natürlichen Ablauf der Jahreszeiten, teilzuhaben an Verwandlungen der Natur: im Garten, in den Wäldern, auf Wiesen und am See. Die Natur wurde zum Bestandteil ihrer Existenz – und umgekehrt. Von dieser spannungsreichen Beziehung zeugen die Texte des Bandes. Erstmalig werden hier Texte beider Strittmatters in einem Band präsentiert: Gedichte von Eva Strittmatter und Kurzgeschichten, Reflexionen, Romanauszüge von Erwin Strittmatter stehen im Dialog und werden ergänzt von 80 Fotografien. Diese fangen das Werden und Wachsen, das Blühen und Vergehen in der Niederlausitz und in Schulzenhof ein. Ein Augenschmaus nicht nur für Strittmatter-Fans!

»Eva und Erwin Strittmatter halten den einen Augenblick fest, in dem der Mensch den ›Sitz seiner Sehnsucht‹ gewahr wird, weil der Gesang der Vögel ihn in Schwingungen setzt.« BERLINER ZEITUNG

Mehr Informationen erhalten Sie unter
www.aufbau-verlag.de oder in Ihrer Buchhandlung

aufbau taschenbuch